SANTA ZITA,
A SERVA FIEL

Irmãs de Santa Zita

SANTA ZITA,
A SERVA FIEL

Dados Internacionais de Catalogação na Publicação (CIP)
(Câmara Brasileira do Livro, SP, Brasil)

Santa Zita: a serva fiel / Irmãs de Santa Zita. -- São Paulo : Paulinas, 2019. -- (Coleção testemunhas. Série santos)

ISBN 978-85-356-4493-7

1. Santos cristãos - Itália - Biografia 2. Vida cristã 3. Zita, Santa, 1218-1278 I. Irmãs de Santa Zita. II. Título. III. Série.

19-23231   CDD-270.092

Índice para catálogo sistemático:
1. Santos cristãos : Biografia 270.092
Maria Alice Ferreira - Bibliotecária - CRB-8/7964

1ª edição – 2019

Direção geral: *Flávia Reginatto*
Editora responsável: *Andréia Schweitzer*
Copidesque: *Ana Cecilia Mari*
Coordenação de revisão: *Marina Mendonça*
Revisão: *Sandra Sinzato*
Gerente de produção: *Felício Calegaro Neto*
Capa e diagramação: *Tiago Filu*

Nenhuma parte desta obra poderá ser reproduzida ou transmitida por qualquer forma e/ou quaisquer meios (eletrônico ou mecânico, incluindo fotocópia e gravação) ou arquivada em qualquer sistema ou banco de dados sem permissão escrita da Editora. Direitos reservados.

Paulinas

Rua Dona Inácia Uchoa, 62
04110-020 – São Paulo – SP (Brasil)
Tel.: (11) 2125-3500
http://www.paulinas.com.br
editora@paulinas.com.br
Telemarketing e SAC: 0800-7010081

© Pia Sociedade Filhas de São Paulo – São Paulo, 2019

Sumário

Prefácio 7

Introdução 9

1. Lucca: situação histórica 11

2. Quem foi Santa Zita 15

3. Zita: vida de trabalho 21

4. Zita: vida de oração 27

5. Zita: amor fraterno 33

6. Zita: sua morte 39

7. Zita: sua santidade 47

8. Zita: padroeira das empregadas domésticas 53

Concluindo 57

Oração 59

Congregação das Irmãs de Santa Zita 61

Espiritualidade 67

Aulas e cursos 71

Prefácio

Com muita alegria, tomei conhecimento do livro *Zita, serva fiel*, cujas páginas nos narram a vida exemplar de uma cristã humilde que fez de sua vida um perene serviço de amor aos semelhantes.

A vida de Santa Zita, aqui contada em linguagem rica e agradável, será incentivo ao povo cristão e especialmente as beneméritas domésticas, das quais Zita foi declarada oficialmente, pela Igreja, celeste padroeira.

Parabenizando as caras Irmãs de Santa Zita, pela obra apostólica realizada, pedimos ao Senhor Jesus que abençoe elas com abundantes graças e, também, aquelas incansáveis mulheres que, por seus serviços dedicados, tornam mais feliz a vida em nossos lares.

São Paulo, 13 de abril de 1978
Paulo Evaristo Arns
Arcebispo metropolitano

Introdução

O presente opúsculo relata, em largos traços, a vida de uma mulher que viveu há muitos séculos e se santificou durante os quarenta e oito anos em que serviu como empregada doméstica e que, ainda hoje, é grandemente homenageada por pessoas de todas as classes sociais.

Trata-se de Zita, que, durante esse período de tempo, serviu a Família Fatinelli, em Lucca, na Itália. Aí, a exemplo da Virgem de Nazaré, soube compreender e valorizar o serviço doméstico, deixando-nos o testemunho de vida cristã autêntica, plenamente realizada nos pequeninos nadas da trama diária de uma casa de família.

Que a leitura dessa vida, tão simples e tão eloquente, seja para nós um incentivo a valorizar o serviço do lar e compreender sua utilidade para o bem da comunidade. Que ela nos ajude a entender e valorizar todo trabalho como fonte de enriquecimento pessoal e coletivo, levando-nos a transformá-lo num contínuo canto de amor ao Senhor.

*"Mãos no trabalho,
em Deus o coração."*

1. Lucca: situação histórica

No centro de uma pequena e fértil planície rodeada de montes verdejantes, das vertentes dos Apeninos e dos Alpes Apuanos, se encontra Lucca – antiga e nobre cidade da Itália –, onde Zita viveu a maior parte de sua vida.

Como as demais vilas toscanas, Lucca, de origem antiga, conseguiu sobreviver aos impactos dos tempos e guarda um acentuado perfil arquitetônico da Idade Média e, também, dos tempos romanos.

A partir da dominação dos Lombardos depois do século VI, Lucca teve certo prestígio como centro militar, como entroncamento de estradas e, sobretudo, como sede do bispado.

É daí que começa a atividade dos tecelões, base de sua expansão econômica, a qual fez dela a rainha dos mercados europeus.

Lucca atingiu seu ponto culminante nos séculos XII e XIII. Eram intensas as atividades industriais e comerciais ali, com a manufatura e exportação das célebres sedas luquesas, brocados e adamascados.

É desse período que data a fundação das mais importantes igrejas da cidade, com numerosas obras de arte, como a Catedral de São Martinho. Muitos palácios e casas nobres se ergueram pela cidade, ostentando o poderio de seus moradores. Os Fatinelli, por exemplo, a quem Zita serviu, eram pessoas de posse e pertenciam à nobreza.

Ao atingir tanta glória, não tardou a sobrevirem a decadência dos costumes e a ambição, que desencadearam a luta de classes, a contradição religiosa e a guerra.

Esses fatos chegaram ao extremo com a rebeldia contra o Papa, levando à invasão de igrejas, saques, prisões, incêndios e mortes. Foi nessa ocasião que se deu a célebre interdição de Lucca pela Santa Sé, que durou quatro anos (1230-1234). Consistia esta no fechamento das igrejas, no emudecer dos sinos, no velar das imagens e na proibição de todo ato religioso.

Tudo ficou reduzido a silêncio e tristeza, enquanto os rebeldes não expiaram sua culpa, voltando-se para o Papa, que, então, retirou a pena de interdição.

Foi nesse ambiente histórico tão cheio de glória, mas também tão cheio de contradições, erros e lutas, que viveu Zita, provando a Deus sua fidelidade e amor e deixando, ao mundo, um testemunho de santidade.

2. Quem foi Santa Zita

Zita nasceu em Monsagrati, pequena aldeia italiana, nas proximidades de Lucca, em 1218.

Seu pai, natural de Soccisa, quando ainda jovem veio morar em Monsagrati. Seu nome era João, mas o conheciam por João Lombardo, por ser este o nome de sua cidade de origem, do lado dos Alpes de São Peregrino. Era estimado e admirado por todos.

Morava ali uma jovem camponesa muito piedosa, boa e pura, chamada Boníssima. João não tardou em conhecê-la, e a ela se uniu em casamento.

Dessa união, muitos filhos nasceram, mas os documentos apenas se referem a Zita e a Margarida. Esta última consagrou-se a Deus, como religiosa cisterciense. Sabe-se que levou vida de penitência e santidade.

Zita, pelo lado materno, era sobrinha de um santo eremita, que tinha seu eremitério escondido nas montanhas vizinhas a Monsagrati.

Vivia entregue à contemplação e à prece, praticando austera penitência. Grandes graças lhe concedeu o Senhor e muitos fatos notáveis de sua vida fizeram com que passasse para a história. Era conhecido por São Graciano.

Zita, desde muito pequena, foi iniciada nos afazeres domésticos, aprendendo de sua mãe o zelo, o amor ao trabalho, e exercitando-se numa vida de virtude e amor a Deus.

Sua preocupação era fazer tudo para agradar ao Senhor. Procurava também ajudar o pai, ceifando o feno, colhendo o trigo, adubando a terra para novas sementeiras, ou, ainda, conduzindo os rebanhos pelos vales à procura de melhores pastagens. Apesar dos afazeres domésticos e do cuidado com a terra e os rebanhos, Zita, assim que despontava o dia, era vista a caminho da pequena igreja do povoado, para sua consagração ao Senhor e assistência à santa missa, força do seu dia a dia.

Só em Deus pode-se confiar para vencer as dificuldades da vida e crescer na prática da virtude. E foi só no Senhor que ela encontrou coragem para enfrentar, muito cedo, um modo de vida cheio de renúncias, como é o do serviço doméstico.

Até a idade de 12 anos, viveu na companhia de seus familiares, lá na encosta da colina, numa casinha pobre, mas enobrecida pelos valores pessoais que abrigava.

Sua família, com poucos recursos, não tardou em sentir dificuldades para sobreviver. A fome que campeava por toda parte, obrigava os pobres a saírem do fundo dos vales, à procura de alimento. Com que dor no coração Zita via as dificuldades de seu lar, mas seu sofrimento aumentava quando um mendigo lhe batia à porta e ela não tinha com que lhe saciar a fome.

Essas preocupações a levaram a uma resolução quase heroica para sua pouca idade: deixar seus pais, o convívio de seus entes queridos, a paz de sua terra natal, para ir em busca de trabalho. Assim, poderia amenizar as dificuldades de sua família e lhe dar meios para mitigar a fome dos que lhe implorassem um pouco de pão.

Não foi sem emoção, entretanto, que João e Boníssima ouviram a decisão de sua filha. Mas o que fazer? Procuraram logo preparar a viagem da pequena Zita, dando-lhe, também, conselhos que lhe serviram de roteiro para toda a sua vida. Ela despediu-se de sua querida mãe com grande carinho, pediu-lhe a bênção e partiu em companhia do pai.

Grande foi a dor de seu coração, mas sua fé, sua confiança em Deus, lhe deram coragem para o sacrifício. Na sua tristeza havia, pois, tranquilidade e segurança, revelando seu espírito forte e confiante.

Descendo as montanhas de Monsagrati, penetrou no vale e atravessou o rio, dirigindo-se para Lucca, cidade onde passaria toda a sua vida e encontraria sua realização plena, segundo os desígnios de Deus.

Um bosque de campanários e torres ameaçadoras surge diante de seus olhos amedrontados. Muros envolvem a cidade e, nos arrabaldes, grandes igrejas aparecem. São as monumentais basílicas espelhadas fora das suas quatro portas.

Zita caminhou em direção a um dos arrabaldes, o de São Frediano, o mais importante. Enveredou por suas ruas estreitas e irregulares, ladeadas de casas coladas umas às outras. Seu olhar foi atraído pelos artigos comerciais colocados às portas das lojas. O vozerio dos operários que trabalhavam no alargamento dos velhos muros, o trepidar dos teares, aquele vaivém sem fim, deixaram-na atordoada. Eis que chegou a uma praça e, junto dela, viu uma igreja. Entrou, fez suas orações, sem pensar, contudo, que aquela seria a sua igreja, a Igreja de São Frediano.

Zita chegou, finalmente, a sua nova morada, uma mansão de pedras com ares nobres, muito diferente da casinha deixada em Monsagrati, que sua vista não mais podia alcançar, mas que seu coração jamais esqueceria.

Entrou pelo portão, subiu as escadas e, numa sala cheia de tapetes e quadros, foi recebida afetuosamente pela família Fatinelli, a quem, dali para a frente, ela passaria a servir.

O pai beijou-a comovido e, após alguns ajustes com a família, que daquele momento em diante, segundo os costumes da época, assumiria total responsabilidade por ela, partiu para Monsagrati.

A senhora alta e cerimoniosa, elegantemente vestida, não tardou em mostrar-lhe as tarefas a serem executadas, os aposentos a serem zelados e, também, o seu quarto de dormir.

Quando, à noitinha, Zita se recolheu para o repouso, extremamente cansada, percebeu que já não era mais a menina de Monsagrati atendendo as ordens de sua mãe, ou correndo pelos campos atrás de suas ovelhinhas. Sentia responsabilidades sobre seus ombros, e uma nova etapa iniciava-se em sua vida.

Recomendando-se a Deus, adormeceu, sonhando com tudo o que havia deixado.

O Senhor recolhia suas renúncias e emoções daquele dia.

3. Zita: vida de trabalho

No dia seguinte ao de sua chegada à mansão da família Fatinelli, levantou-se ao som do velho sino da Igreja de São Frediano e vestiu-se apressadamente. Estava consciente de sua nova missão.

Sabia que, daquele dia em diante, o trabalho doméstico seria uma constante em sua vida. "Ganharás o pão com o suor de teu rosto", disse o Senhor Deus ao criar o primeiro homem. Ela queria ter o seu salário, queria ajudar a sua família e mitigar, também, os sofrimentos daqueles que não podiam trabalhar.

Assim animada, sem demora, encaminhou-se para junto de suas companheiras, começando logo sua função de empregada doméstica.

Com a vassoura na mão, ia daqui e dali, procurando satisfazer as exigências de sua chefe de serviço, que lhe dava as ordens necessárias para um dia de trabalho. Aprendeu, também, a sair à rua para as compras.

Na monotonia de seu dia a dia, nas pequenas coisas, ia colocando pinceladas de amor e, assim, tudo adquiria vida e se valorizava. Dessa maneira transcorria sua vida.

Mais tarde, novos encargos lhe foram confiados, como o abastecimento da casa, o cuidado das roupas. Ensinaram-lhe a tecer e a fazer pão. Com diligência, executava todas as suas tarefas, e as fazia com esmero.

Compreendeu bem cedo que, pelo seu trabalho, participava, com o Senhor, na ordem do mundo. Era com alegria, pois, que desempenhava todos os seus deveres, procurando, desse modo, levar paz e tranquilidade àqueles a quem servia. Na sua simplicidade e no amor com que trabalhava, rendia glória a Deus que, ao criar o ser humano, revestiu-o de tanta dignidade.

O cansaço sentido, antes de ser pena ou castigo, era como se fosse uma forma de redenção, pois com ele se purificava das suas faltas e se unia, mais e mais, a Cristo, a seus sofrimentos, a seu amor. Seu trabalho tinha o sentido de louvor e de prece. "Coração em Deus e mãos no trabalho" era seu lema.

Sua obediência e prontidão em atender as ordens que lhe davam, foram notáveis em sua vida. A família Fatinelli era composta de muitos membros. A todos eles Zita devia obedecer. Sabe-se o quanto é difícil obedecer quando são muitos a mandar. A todos Zita obedecia com o mesmo ânimo, com o mesmo sorriso nos lábios e com muita diligência. Uma ordem dada era logo executada. Não se detinha em coisas difíceis.

Certa vez, sua obediência foi posta à prova: alguém, numa brincadeira de mau gosto, ou para humilhá-la, a mandou buscar alguma coisa, em local bem distante da casa. Isso depois de uma chuva torrencial que deixou o caminho transformado em verdadeiro rio de lama. Uma chuva fria ainda continuava a cair. Zita, na prontidão que a caracterizava, saiu logo. A expectativa geral era vê-la retornar toda molhada e enlameada. Porém, não foi isso que aconteceu. Depois de muito tempo, ela surgiu com a roupa inteiramente seca, sem o menor vestígio de lama. O espanto foi grande, especialmente por parte de quem, com más intenções, a havia mandado sair à chuva. Deus veio em seu auxílio e premiou sua fidelidade em obedecer. Assim decorreu toda a sua vida, fazendo o bem sem nunca ofender a quem quer que fosse.

Apesar disso, não lhe faltaram provações. As mesmas pessoas que, na sua chegada, se mostraram atenciosas e boas, agora, a desprezavam e a maltratavam. As boas qualidades de Zita feriam-nas. A inveja começou seu trabalho. Tudo fizeram para que ela participasse de seus desmandos e leviandades. Os convites eram insistentes para desviá-la do bom caminho. Zita permanecia inalterável, recorrendo sempre à oração, e, em Deus, encontrava segurança e coragem para o combate.

Intrigas, zombarias, mexericos, vinganças, eram como espinhos doloridos no coração de Zita. Os próprios patrões pareciam não ser os mesmos. Não tinham aquela cordialidade e afeto dos primeiros tempos. Até Pagano, a quem a tradição se refere como sendo seu real patrão e a quem Zita recorria em suas dificuldades, também estava mudado. Ele a queria muito bem, mas, como era de caráter irascível, quando ficava zangado, tornava-se duro e áspero. Como isso a fez sofrer!

Zita, porém, permanecia firme. Sua mansidão encontrava muitas ocasiões para ser exercida. Sua atitude permanecia a mesma: sempre bem-disposta, semblante afável e alegre; não se zangava nunca, nem se descontrolava. Sua paciência era edificante e sempre achava meios para justificar as atitudes não muito corretas de suas companheiras com relação a ela. Pagava sempre o mal com o bem; não "olho por olho, dente por dente", como na lei antiga, mas usava sempre de perdão, amor e misericórdia. Cristo deu o exemplo. Zita crescia, cada vez mais, na virtude em Cristo, por Cristo e pelo Cristo, tudo superando com amor.

O Senhor dirigia sua história, premiando sua fé e sua esperança. Ela, que sempre se ocupou dos trabalhos mais humildes, que fora desprezada e até perseguida, foi finalmente distinguida, por seus patrões, com os cargos mais honrosos da casa: a educação dos filhos e a direção da casa. Tornou-se, então, por assim dizer, a dona da casa, mas não alterou o seu modo de vida: simples, humilde, atenciosa e boa. Continuava na sua missão de servir, missão esta que faz a grandeza da pessoa. Não há trabalho menos digno.

Cristo, na casa de Nazaré, servia, ocupando-se de coisas simples; no templo, falava como Mestre; na última ceia, lavou os pés dos apóstolos, não excluindo os de Judas que o haveria de trair. Sua vida toda foi um exemplo de serviço a Deus e aos irmãos e irmãs. Desse exemplo Zita se valeu e foi nele que encontrou a alegria de sempre servir, transformando seu trabalho num canto de louvor a Deus.

4. Zita: vida de oração

Zita tinha recebido de sua mãe a raiz daquele amor que a mantinha sempre unida a Deus. Aprendera desde pequena a respeitá-lo, e o temor de ofender sua imagem divina, impressa em sua alma pelo santo Batismo, a deixava atenta. Não queria ser infiel e buscava fazer tudo para dar-lhe prazer, e, por isso, tanto diante das pequenas coisas como das grandes, tinha sempre presente: "Se agrada a Deus, eu faço; se desagrada, não faço". Assim, em tudo que fazia, encontrava o sentido do infinito e ia crescendo na perfeição do amor.

A oração era ocupação constante em sua vida. Indo ou vindo, trabalhando ou repousando, estando em casa ou fora, permanecia sempre unida a Deus.

Pela manhã, mesmo antes de clarear o dia, lá estava Zita num cantinho do grande templo dedicado a São Frediano. Lá ficava tanto quanto podia. Acompanhava as funções religiosas com grande piedade e amor e, mais tarde, conseguiu de seus patrões licença para à noite participar das matinas naquela Igreja. Tinha, também, terna devoção a Nossa Senhora. Naquele tempo, São Domingos de Gusmão já pregava os louvores de Maria e difundia por toda parte a prática do santo rosário em honra de Nossa Senhora. Zita tornou sua esta devoção e a praticava com muito carinho. Procurava imitar as virtudes de Maria e se alegrava nas suas festas, cantando suas glórias.

Zita tinha, também, grande devoção pela Paixão de Cristo. Perto da Igreja de São Frediano, existia um cemitério muito antigo e famoso – cemitério Santa Catarina. Em sua capela havia a pintura de um crucifixo, muito expressiva, representando Jesus agonizante, tendo ao lado Nossa Senhora e São João.

Tomada de íntima e profunda devoção, Zita ia, frequentemente, fazer ali suas orações entretendo-se, por logo tempo, ajoelhada diante da imagem do Crucificado. A memória da Paixão imprimiu-se tão profundamente em sua alma que se sentia como que impregnada de todas as amarguras da Paixão de Cristo. É tradição que aquele crucifixo lhe falava com acentuada ternura. Hoje, aquele mesmo crucifixo é venerado na Igreja de São Frediano, no altar junto à urna da santa, e quem o contempla não deixa de exclamar: "Eis o crucifixo que falou a Santa Zita".

Zita vivia o mistério da cruz sobre os altares e, cada vez que dele participava, sentia o sangue do Senhor caindo sobre as pessoas, em abundância.

Em vista da interdição sofrida por Lucca, durante quatro anos, tendo como consequência o fechamento das igrejas, Zita fazia duras caminhadas, correndo grandes perigos, para ir aos lugares vizinhos e, assim, poder participar da santa missa, a todos edificando por sua piedade. Com grande fé, unia-se ao Deus presente em seu coração, confiando-lhe suas limitações e dele recebendo forças para as lutas cotidianas.

A piedosa tradição relata que Zita, vencida pelo cansaço dos quilômetros percorridos e pelo jejum, que guardava para comungar, para diante de uma fonte para beber água. De leve, toca-lhe no ombro uma senhora desconhecida, oferecendo-lhe sua companhia. Zita aceita, sentindo-se revigorada, e gozando de profunda paz ao longo do caminho de volta. Na chegada à mansão dos Fatinelli, a bela senhora desaparece. Recordando essa referência, existem, em Vaccoli – estrada de São Lourenço –, uma fonte e uma igrejinha.

Vivendo na época em que São Francisco de Assis cantava as glórias de Deus com suas virtudes e com amor apaixonado pela cruz, ela procurou segui-lo e viver seu espírito de pobreza e penitência.

Suas virtudes, vitórias, caridades, pureza e todo o heroísmo que a caracterizou, repousam em sua piedade eucarística. O amor de Cristo é a força que sustenta o cristão. Era este amor que a fazia encontrar Deus em tudo e em todos. No perfume de suas virtudes se escondiam os espinhos da penitência que, mortificando o corpo, lhe dava grande liberdade de espírito e inteira disponibilidade para a ação de Deus em sua alma.

Igreja de São Frediano

5. Zita: amor fraterno

O amor fraterno que Cristo ensinou, manda que amemos o irmão, seja ele quem for e onde quer que esteja: Zita assim procedia. Amava o próximo em qualquer circunstância: era afável com os amigos e inimigos, bons e maus, ricos e pobres. Amar como Jesus amou, esta foi sua preocupação.

Muita alegria experimentava ao verificar o progresso de sua terra, mas muito sofria com as animosidades existentes. Desencontros entre ricos e pobres, que caracterizavam a sociedade de sua época, perseguições, mortes e lutas entre irmãos grandemente a sensibilizavam. Por todos, ela oferecia seus sacrifícios, jejuns e penitências.

Com seu trabalho, sua dedicação e fidelidade, atendia a família Fatinelli, mas sua generosidade encontrava tempo para se dedicar aos pobres e necessitados. Com seu salário, procurava suprir as necessidades de suas famílias, ajudando-as na medida do possível.

Agia como o próprio Jesus Cristo, sofrendo quando não podia socorrê-los. Reservava as sobras da mesa farta de seus patrões para os pobres e, quando estas esgotavam, consola-va-os, exprimindo sua tristeza. Exortava-os, carinhosamente, a voltarem outro dia e eles, animados, iam contentes com suas palavras de amizade. Esta tendência para com os mais sofridos teve origem já na sua infância. Com ela cresceu e tornou-se cada vez mais atuan-te. Também se alimentava com sobriedade e abstinha-se do pão, das iguarias e do vinho, para dá-los aos pobres.

Certo dia, como de costume, para aten-der à fila de pobrezinhos que entrava pelo portão, foi buscar pães. Ocultando-os em seu avental, descia apressada as escadas quan-do, inesperadamente, encontrou seu patrão que chegava, olhando surpreso para aqueles pobres aglomerados na entrada de sua casa. Suas feições estavam contraídas e, vendo aquele avental cheio, perguntou-lhe: "Zita, o que você traz no avental?". Ela deixou cair as pontas do avental, e eis a maravilha! Estava repleto de rosas perfumadas!

Seu patrão, humilhado e confundido, foi para seu quarto, enquanto Zita, dando graças ao Senhor, atendeu seus pobres, que se fartaram, não de flores, mas de saborosos pães.

Zita não só amava os pobres, mas também os peregrinos, os quais vinham de longe. Iam de Lucca a Roma, de Roma à Terra Santa e para onde quer que existisse um santuário notável.

Zita via-os passar envolvidos em suas vestes grosseiras. Às vezes, cansados, eles paravam à sombra das árvores, em volta de um poço, ou mesmo à porta de uma casa, para pedir pão e agasalho.

Um desses peregrinos, num dia de muito calor, aproximou-se do poço onde Zita tirava água e pediu-lhe comida. Ela, que nada tinha, no momento, olhou-o tristemente. Ele compreendeu e pediu-lhe um pouco de água. Rapidamente, fez descer o balde até o fundo do poço e retirou-o cheio de água cristalina; fez sobre ele o sinal da cruz e deu água ao peregrino. Este tomou-a com avidez e, olhando para Zita, disse-lhe não ser água o que tinha tomado, mas, sim, excelente vinho. Bebeu até se satisfazer, prosseguindo sua caminhada. Zita, como sempre, agradeceu a Deus por lhe ter dado oportunidade de saciar a sede do pobre peregrino.

Foi notável sua dedicação para com os abandonados. Nos relatos de sua vida, constam muitos favores que o Senhor lhe fez em favor deles.

Habitualmente visitava os doentes. Sobreveio, naquele tempo, uma terrível epidemia, ceifando muitas vidas. Sem temer o perigo, ia aos lugares mais distantes, levando aos doentes conforto, socorro e ânimo.

Amava os pecadores e por eles fazia penitência. Muitas vezes, cedia até sua própria cama a mulheres de má vida, pois sabia que, estando ali, pelo menos naquela noite não ofenderiam ao Senhor. Procurava persuadi-las de seus extravios e reconduzi-las ao bom caminho.

Naquele tempo, em que eram tão frequentes as penas de morte, entristecia-se ao ouvir o dobrar dos sinos anunciando a morte de um condenado. Chorava e rezava, pedindo ao Senhor misericórdia e oferecendo-se como vítima de reparação.

Amava, sobremodo, as criancinhas, tendo por elas um carinho todo especial. Costumava levar à pia batismal inúmeras delas, vindas dos arrabaldes ou dos campos, amparando-as nas suas necessidades.

Toda a imensa caridade de Zita está radicada na sua abertura e correspondência à graça de Deus recebida no santo Batismo. Deixou-se guiar pela fé e, sustentada pela graça divina, soube enfrentar e vencer as dificuldades.

A humilde menina das montanhas de Monsagrati, por suas virtudes, se tornou grande aos olhos de Deus e das pessoas e, ainda hoje, continua atuando pelo exemplo de sua vida.

6. Zita: sua morte

O sol, após atingir seu ponto alto no azul do firmamento, vai diminuindo de intensidade até desaparecer no horizonte distante. Realizou sua meta. Vai, então, iluminar o outro lado do mundo.

A vida de Zita também foi assim. Rica de méritos, subiu a montanha da perfeição, atingindo seu ponto alto. Depois, entrou em declínio na terra, para brilhar, com esplendor, na glória do Pai.

Conta a tradição que Zita, na idade de 60 anos, sentiu suas forças diminuírem, pois seus membros já não tinham o mesmo vigor e sua respiração era ofegante. Percebeu que seu fim estava próximo. Entretanto, nada tinha a temer, porque soube fazer sempre a vontade do Pai.

Seu coração se comprazia na alegria do encontro definitivo com o seu Criador. Uma febre persistente devorava-lhe todo o corpo. Obrigada a recolher-se ao leito, percebeu, a cada hora que passava, a aproximação da morte. Pediu que lhe trouxessem os sacramentos e os recebeu com tocante piedade. Toda a família Fatinelli estava atenta a seu lado. No fim do quinto dia, o mal se agravou ainda mais. Nada mais se podia fazer. Zita entrou em agonia. Ao redor de seu leito, permaneceram seus patrões, algumas piedosas pessoas e amigos. Todos os presentes se ajoelharam, profundamente impressionados com a serenidade daquele anjo prestes a deixar a terra e seguir para o Pai.

Em dado momento, ela voltou os olhos para o alto, juntou as mãos e, num sorriso místico de pureza e amor, se despediu, e sua alma voou para Deus.

Era o dia 27 de abril de 1278 – quarta-feira, 9 horas da manhã. Zita entrou no Paraíso: "Alegrem-se os céus, regozije-se a terra" (Sl 95,11).

Relata a tradição luquesa que os sinos se puseram, repentinamente, a tocar e o povo, aglomerado na rua, cheio de admiração e curiosidade, perguntava: "O que teria acontecido?". O código da cidade de Lucca completa: "As crianças saíram pelas ruas e praças gritando: 'Vamos, vamos, vamos para a Igreja de São Frediano, Zita morreu'". O mesmo documento diz que uma estrela de fulgurante beleza, misteriosamente, pairou sobre a cidade.

Era a glorificação: "Vinde e vede as obras do Senhor, as maravilhas que operou na terra" (Sl 45,9).

Rapidamente, toda gente soube da morte de Zita e acorreu de todos os lados, ao palácio Fatinelli, para ver, pela última vez, aquela que tinha sido um anjo na terra. As praças e ruas próximas à mansão ficaram tomadas. Formou-se o cortejo com a cruz processional à frente, ladeada pelos cônegos de São Frediano que piedosamente salmodiavam cantos fúnebres. Uma grande massa acompanhou, comovida, o cortejo, e dificilmente se podia caminhar. A praça de São Frediano, as grandes naves da Igreja se tornaram pequenas para acomodar toda aquela gente. Os salmos das exéquias eram interrompidos pelos louvores, súplicas e soluços populares. Os religiosos de São Frediano quiseram fazer o sepultamento na hora prevista, mas a pressão popular foi tão grande que resolveram deixar o corpo mais alguns dias à visitação pública.

O povo, entretanto, não se continha, e toda gente queria tirar um pedacinho das vestes da santa empregada doméstica falecida. Mudaram, então, de lugar o esquife: ora para o coro, ora para a sala do capítulo, ora para a sacristia, mas logo o povo lá estava. Colocaram o corpo numa caixa, mas esta foi logo arrebentada.

Por fim, o reitor do convento de São Frediano resolveu convocar alguns sacerdotes preparados, prudentes e virtuosos, das ordens de São Francisco e São Domingos, para estabelecerem o que deveriam fazer. Decidiram que o corpo seria colocado em um sepulcro de pedra e ali ficaria aguardando os acontecimentos.

Entretanto, novos prodígios se realizaram. Um suave perfume começou a exalar da urna e um líquido prodigioso vertia misteriosamente, enquanto os enfermos que tocavam ali ficavam curados. Os milagres se multiplicavam.

Colocaram, então, a urna sobre o altar, para o culto da multidão. Era a manifestação da glória de Deus na sua humilde criatura. "Louvar-te-ei no meio dos povos, Senhor, e entoar-te-ei salmos entre as nações" (Sl 107,4-6).

Em consequência do pecado, nosso corpo, após a morte, sofre a pena da decomposição, voltando à terra; enquanto a alma, de origem divina, recebe o julgamento de Deus, conforme suas boas ou más obras praticadas durante a vida.

Zita, por um prodígio singular de Deus, teve seu corpo preservado da corrupção devido ao pecado.

No meio de suas provações, foi constante sua fé no Senhor. Nele depositou toda a sua esperança. Podemos aplicar a Zita o canto do salmista: "Muitas são as tribulações dos justos, e de todas elas, os livrará o Senhor. O Senhor guarda todos os ossos deles, e nenhum só se quebrará" (Sl 33,20-21).

As autoridades civis e eclesiásticas, levadas pelas ocorrências prodigiosas com relação ao corpo de Zita, resolveram revê-lo e o encontraram intacto, flexível e suave como o de uma pessoa viva, conforme consta no relato de seu primeiro biógrafo.

Transcorridos trezentos anos de sua morte, novamente foi aberta a urna. O bispo de Lucca, Alexandre Giudiccione, mandou que fosse examinado por seu vigário-geral, Francisco Buonavoglia, na presença de pessoas respeitáveis. Estava intacto. A única falha na sua integridade foi revelada pela ausência do dedo mínimo do pé, que, em 1446, o bispo de Lucca, Baldassase Mani, concedeu a um nobre inglês que, em honra da santa, havia mandado construir uma capela na cidade de Eglia.

Em 1652, novamente foi aberta a urna de Santa Zita. Pedro Rota era, então, bispo de Lucca. Contou-se com a presença do célebre anatomista luquês Girolamo Cremona, que fez declarações importantes registradas em cartório. Atestou que o santo corpo foi encontrado completo em todas as suas partes, de tal modo unidas e perfeitas (ossos, músculos, nervos, cartilagens, veias, artérias, e todas as vísceras), que se podia levantá-lo e movê-lo facilmente, conduzi-lo de um lugar para outro e mesmo mudar de urna.

Em algumas outras oportunidades especiais, tem sido aberta a urna que contém o valioso tesouro do corpo de Santa Zita, e sempre é comprovada a sua integridade por documentação de pessoas doutas e prudentes.

Em 1956, quando da proclamação de Santa Zita como padroeira das empregadas domésticas, uma nova urna lhe foi dada e seu corpo reconhecido em sua integridade.

Bendigamos ao Senhor por tanta maravilha!

7. Zita: sua santidade

Zita havia morrido, mas permanecia presente no coração do povo. Foi tal o interesse em aclamar suas virtudes, que, já no dia seguinte ao de sua morte, um tabelião público de Lucca, chamado Migliori, se dispôs a colher depoimentos de testemunhas que, sob juramento, descreviam os milagres que ela fazia. Para isso, porém, era necessária autorização de Paganello, bispo de Lucca. Este, apenas transcorrido um mês da morte de Zita, em fins de maio, em data próxima da festa da Ascensão, permitiu que a venerassem na Igreja de São Frediano.

No ano seguinte, no dia 27 de abril, celebraram, pela primeira vez, sua festa. De ano para ano, suas festividades cresciam em brilho e piedade com a cooperação popular. Conforme documentação dos estatutos da comuna de Lucca, tem-se notícia delas a partir de 1308. Em 1519, Leão X concedeu, aos cônegos de São Frediano, autorização para rezarem o Ofício e a missa de Santa Zita, no dia de sua festa – 27 de abril. A Igreja, com reserva, acompanhava o crescimento da devoção a Santa Zita, que, graças aos luqueses, ia-se difundindo por toda parte.

No século XVII, autoridades religiosas e leigas de Lucca, Gênova e Palermo, dirigiram solicitação pública ao Papa Inocêncio XII, para que fosse solenemente aprovado o culto de Santa Zita para a Igreja universal. Depois de cuidadoso trabalho, o Papa reconheceu legítimo e universal o culto a Santa Zita, o que foi confirmado pela Sagrada Congregação dos Ritos, por decreto de 5 de setembro de 1696.

O perfume das virtudes de Santa Zita ficou na terra suavizando o dia a dia do peregrino, animando-o a prosseguir na sua caminhada. Tornou-se inspiradora de trovas populares, ricas de piedade, que iam ecoando pelas colinas e vales e transmitindo, por toda parte, a lembrança daquela que tanto bem fizera na terra. Seu nome entrou na literatura e deu colorido ao verso e à prosa. Dante Alighieri, contemporâneo seu ao escrever a

Divina Comédia, que o imortalizou, no capítulo 21, versículo 38 da parte referente ao inferno, cita Santa Zita: "Eis um dos anciães de Santa Zita", com a seguinte nota explicativa: "Anciães de Santa Zita, supremos magistrados de Lucca, cidade de que Santa Zita é protetora".

Se na literatura foi inspiradora de belas composições, não menos importante foi sua influência na arte. Traduzindo pureza e alegria, variada e colorida coleção de quadros surgiu e, ainda hoje, muitos deles podem ser vistos na casa da família Fatinelli e na Igreja de São Frediano. Na Tribuna do Duomo, há uma bela pintura de Santa Zita. Valiosos vitrais tomavam como exemplo passagens de sua vida exemplar e muitos artistas produziram obras de real beleza com motivos inspirados em sua infância.

O culto a Santa Zita foi-se propagando por toda parte. Nas capelinhas votivas, que se erguiam pelas vastas campinas, havia sempre um altar a ela consagrado. Capelas e igrejas foram se erguendo em sua honra. No território de Lucca, entre Bozzanello e Monsagrati, de início lhe dedicaram uma capelinha que, mais tarde, foi substituída por outra bem maior.

A devoção a Santa Zita espalhou-se por toda a Itália. Era venerada em Roma, na Igreja dos Luqueses e, também, em Palermo, Gênova, Milão, e em muitas outras cidades. Ultrapassando os limites da Itália, foi a Portugal, levada por um eremita italiano que construiu uma capela no seu eremitério, em louvor a Santa Zita. Estabeleceu-se na França, Inglaterra, Alemanha e em outros países. Atravessou os mares, chegando às Américas; atingiu os Estados Unidos, México, Argentina, Chile e Brasil.

No solo brasileiro, Santa Zita é muito querida. De Norte a Sul, cresce sua devoção. Em muitos lugares, as empregadas domésticas se reúnem sob sua proteção, dedicando-lhe culto especial.

Humildes e grandes louvam-na. Ricos e pobres a ela recorrem no seu dia a dia, exaltando o nome de Deus, que faz maravilhas por meio de suas criaturas.

Seu corpo incorrupto repousa numa capela especial, na Igreja de São Frediano, em Lucca.

"Quem há como o Senhor nosso Deus, que habita nas alturas e atende as criaturas humildes, no céu e na terra?" (Sl 112,5-6).

8. Zita: padroeira das empregadas domésticas

"Com tua glória e tua majestade, caminha, avança vitoriosamente, reina!" (Sl 44,5).

O Papa Pio XII, no dia 11 de março de 1955, declarou Santa Zita como padroeira universal das empregadas domésticas.

A iniciativa partiu da Paróquia de São Frediano, em Lucca. Inúmeros cardeais, arcebispo, bispos de quase todo o mundo católico, superiores de instituições religiosas, representantes eclesiásticos e civis, e fiéis aos milhares aderiram à iniciativa de Lucca, enviando a Roma seu apoio e solicitação.

Com júbilo, todas as empregadas domésticas receberam esta notícia e, ainda hoje, entoam hinos de louvor ao Senhor por lhes ter sido concedida uma protetora no céu e um apoio na terra.

Lucca, cidade onde Santa Zita viveu, festejou tão feliz acontecimento com um ano de comemorações. Jornais, rádios e revistas divulgaram mensagens festivas. De muitos lugares, chegaram a São Frediano peregrinações piedosas, com o fim de homenagear Santa Zita e pedir seus favores junto a Deus. Várias palestras e tantas outras promoções se sucederam no ano festivo. Entretanto, as comemorações especiais estavam reservadas para o mês de abril, quando atingiram o apogeu.

Em Lucca, na Igreja de São Frediano, sob a presidência do Cardeal Agagianian e participação de vários cardeais, arcebispos e bispos, realizou-se solene programação em homenagem a Santa Zita. Nos dias 19, 20 e 21, foram feitas, por ilustres conferencistas, palestras sobre o tema: "Santa Zita e os problemas sociais da época". Do dia 22 a 29 de abril, ocorreram, diariamente, missas festivas, com a participação de um grande público, além de conferências especializadas, com projeções – bênção eucarística.

No dia 27, às 8 horas, houve a inauguração da feira de flores e abertura do poço milagroso e, no domingo, dia 29, solene procissão, levando em triunfo o corpo incorrupto de Santa Zita. Dentro da Basílica de São Frediano, muitas luzes, flores, músicas e um desfile interminável da multidão de fiéis que se comprimiam para poder prestar-lhe homenagem.

O Brasil se fez representar, nessa solenidade, por religiosas da Congregação das Irmãs de Santa Zita e por uma empregada doméstica, Laudelina de Oliveira, que permaneceu junto ao poço, durante todo o dia 27, distribuindo a água, conforme a tradição.

A devoção a Santa Zita continua a difundir-se entre as empregadas domésticas. Em São Paulo, em 1960, foi criada e instalada a Paróquia de Santa Zita, em Vista Alegre, Bairro de Vila Maria.

Através dos séculos, Santa Zita, que viveu tão ocultamente no labutar rotineiro da empregada doméstica, continua, ainda hoje, sendo um modelo de santidade.

Concluindo

A memória de Zita perpetuou-se, enquanto a de muitas outras grandes personalidades do mundo não são lembradas.

Sua vida obscura de empregada doméstica foi uma vida de ensinamentos. Não perdeu tempo e soube dar grande valor ao trabalho. O segredo de sua grandeza foi o amor com que realizava suas ações. A generosa entrega de si própria à vontade de Deus: abandono confiante.

Nesse ideal, ela se consumiu, realizando sua missão. Foi esse amor sobrenatural que lhe deu forças para deixar sua casa, os pais, e aceitar as renúncias que o trabalho e a vida impõem.

Onde quer que se encontrasse, Zita sempre cumpria, com fidelidade e amor, suas obrigações e deveres.

Oração

Ó Santa Zita, você nos mostrou como, em tudo o que acontece, podemos reconhecer a vontade divina; como podemos fazer, de cada acontecimento de nossa vida, um degrau para alcançarmos a santidade.

Ajude-nos a realizar o lema que você abraçou. Faça-nos pessoas de oração, testemunhas cristãs no ambiente em que vivemos, para que possamos nos comprometer com a Igreja na construção do Reino de Cristo na terra – Reino de justiça, de verdade, de paz e de amor.

"MÃOS NO TRABALHO, EM DEUS O CORAÇÃO!"

Congregação das Irmãs de Santa Zita

Em 1950 nasceu a Congregação das Irmãs de Santa Zita, com a finalidade de cuidar das empregadas domésticas, que, na época, necessitavam de atenção, pois, padeciam de grave carência pastoral e social.

A congregação foi fundada por Maria Amélia de Andrade Reis, paulista nascida na cidade de Cravinhos, no dia 10 de maio de 1910. Era a filha mais velha de doutor Olimpio de Andrade Reis e Carmen Soares Bicudo.

Aos 9 anos foi para o colégio Sion, em São Paulo, onde permaneceu interna por oito anos. "Toda a minha vida foi marcada pela educação que aí recebi. As boas mestras e os confessores que tive souberam despertar em minha alma um grande amor pelo Cristo, pela Virgem Maria, pela Eucaristia e pela Igreja."

Desde menina, sua vida de piedade foi alicerçada por uma busca incessante do Deus presente e pelo desejo de procurar conhecer e viver plenamente sua santa vontade.

Aluna exemplar, de notas excelentes, foi sempre acolhedora, tudo fazendo com amor e alegria e procurando em sua vida cristã ser ponte: "Unir, a terra e os céus e a humanidade entre si, como Cristo sempre desejou. Eis meu ideal", disse ela.

Aos 10 anos fez sua Primeira Eucaristia – comprometeu-se com Cristo para sempre.

De família abastada, Maria Amélia foi sempre de uma grande simplicidade e modéstia em toda sua vida, sem nunca deixar transparecer afetação e vaidade.

Ao deixar o colégio em 1928, fez sua primeira viagem à Europa com um casal de tios e na companhia de uma prima. Voltando a São Paulo, continuou a frequentar o colégio Sion no grupo das ex-alunas, ocupando-se da catequese de crianças.

Mais tarde participou do Centro de Estudos e Ação Social, criado em São Paulo, após as conferências de uma assistente social belga que viera ao Brasil – para incentivar um trabalho social de promoção humana –, de onde resultou, também, a criação da primeira Escola de Serviço Social.

Nessa escola Maria Amélia completou seus estudos, diplomando-se, na primeira turma, como assistente social.

Desde cedo, mostrou-se muito sensível aos problemas sociais: a caridade de Cristo urgia em seu coração. Quando menina, costumava acompanhar seu pai em visitas médicas às famílias dos colonos, nas fazendas.

Ao começar, em São Paulo, o Movimento da Ação Católica, com Dom José Gaspar da Fonseca e Silva, Maria Amélia logo se engaja nesse apostolado, assumindo a direção de vários grupos da Juventude Operária Católica (JOC). Pouco depois, é nomeada secretária da JOC e, a seguir, secretária-geral da Ação Católica. Participou do Congresso da Juventude da Ação Católica em Roma, que reuniu mais de 600 jovens de todo o mundo. Assistiu à coroação do Papa Pio XII, tendo tomado parte também numa audiência particular, juntamente com um grupo de brasileiros.

Seu entusiasmo pelo serviço do Reino, ao qual se entregou com grande dedicação, crescia sempre mais, e os trabalhos aumentavam com a responsabilidade maior que foi assumindo. "O meu esforço, entretanto, tinha ultrapassado os limites", diria ela. Um problema de estafa a forçou a ficar de cama por vários meses. Mesmo doente, continuava a agir no que podia como secretária-geral. Mas eis que o Senhor lhe pediu um grande sacrifício: por ordem superior, todos os membros dessa diretoria da Ação Católica foram sumariamente substituídos por uma nova diretoria, sob a alegação de que estavam fazendo um trabalho prejudicial à Igreja...

Com grande submissão, Maria Amélia aceitou essa inesperada decisão e, ainda doente, transmitiu o cargo a outra jovem.

Depois de vários anos de serviço autêntico e generoso, os planos de Deus para ela eram outros. Sentira, desde menina, os apelos do Senhor para uma entrega total a ele, mas, por causa de sua saúde frágil, fora aconselhada a não se fazer religiosa. E agora o Senhor lhe pedia o encargo da fundação de uma congregação em sua Igreja. "Em 1944, o meu diretor espiritual achou que eu não poderia abandonar o apostolado começado com as empregadas domésticas dentro da Ação Católica." Entendendo isso como apelo do Senhor, Maria Amélia aceita com humildade a tarefa de criar uma congregação destinada ao trabalho de formação e promoção de empregadas domésticas.

A Congregação das Irmãs de Santa Zita foi, na época, um dos primeiros movimentos apostólicos no processo de valorização de toda uma classe de pessoas marginalizadas, numa sociedade de mentalidade acentuadamente escravagista dos anos 1940.

Algum tempo antes de começar a congregação, Maria Amélia, num gesto generoso e não muito bem-visto por algumas pessoas, já havia adquirido uma casa na Avenida Higienópolis para dar maior amplitude aos trabalhos com as empregadas. Nesse local, para assegurar a continuidade da obra, vai se instalar a congregação.

Em 1945, Dom Carlos Carmelo de Vasconcelos Motta é nomeado arcebispo de São Paulo e, rapidamente, toma conhecimento dessa obra destinada às empregadas domésticas. Ao ficar sabendo dos planos de criação de uma congregação, dá grande apoio a essa obra e, depois, assume a ereção da mesma, que será finalmente instalada em 27 de abril de 1951, em São Paulo, com a profissão perpétua de

Madre Maria Amélia e, também, a profissão temporária de mais sete religiosas.

Missão cumprida: aos 70 anos, o Senhor chama Maria Amélia para o encontro definitivo, após dias de sofrimento intenso, ao ser hospitalizada, em consequência de um acidente de automóvel. Com profunda fé, ela colocou-se nas mãos de Deus para cumprir o ideal que sempre se propôs realizar na vida, ou seja, fazer a santa vontade do Pai.

A Congregação das Irmãs de Santa Zita continua a missão de sua fundadora, agora olhando com carinho todo especial a mulher desempregada; acolhendo, evangelizando e promovendo-a, através de cursos, oficinas, alfabetização de jovens e adultos.

Espiritualidade

Sob o ponto de vista católico, a empregada doméstica foi escolhida pela Providência Divina para fazer parte no quadro admirável e básico da família, com a qual ela colabora. Sua missão é, pois, muito importante, nobre, sublime.

A Eucaristia está no centro de toda a vida individual e comunitária das Irmãs. Vem daí a devoção das Irmãs ao Coração Eucarístico de Jesus, a qual foi transmitida desde o início pelos fundadores Pe. Primo Mason e Madre Maria Amélia de Andrade Reis. A Eucaristia foi e será sempre a fonte principal de comunhão com o Senhor e com as irmãs e irmãos.

As Irmãs de Santa Zita vivem sua vocação como pessoas enviadas pelo Pai, como participantes da missão de seu Filho e movidas pelo Espírito Santo. Cultivam uma vida de esperança e caridade que difunde e constrói, entre as pessoas junto as quais atuam, aquela comunhão fraterna tão desejada por Cristo: "Pai, que eles sejam um como nós somos um".

Maria tem um lugar especial na vida das Irmãs de Santa Zita. Ela é o modelo que conduz as Irmãs a imitarem o seu amor a Jesus, vivido na simplicidade de uma existência dedicada aos trabalhos humildes e ocultos, em sua casa de Nazaré. Dela, as Irmãs aprendem o espírito de oração, ouvindo com amor a Palavra de Deus e conservando-a no silêncio do coração, a fim de serem assíduas na contemplação dos valores do Reino de Deus.

Nossa Senhora, com o título das Mercês, foi escolhida pelos fundadores para estar à frente da Congregação como sua intercessora junto a seu Filho, Jesus Cristo.

São José foi o primeiro a entrar na Casa Santa Zita, representado por uma imagem que sempre está na entrada da casa como aquele que acolhe, ouve, orienta e leva até Deus os anseios e necessidades de cada pessoa e também como guardião da casa.

Santa Zita, a Padroeira, conseguiu manifestar, em seu ofício de empregada doméstica, o amor de Deus a todos, não só aos colegas de trabalho e patrões, mas também aos peregrinos que pediam alguma coisa para comer. Ela é o modelo de caridade e oração para as Irmãs e as domésticas.

Comunidade atual

Aulas e cursos

A Obra de Santa Zita oferece:

- Alfabetização de jovens e adultos;
- Corte e costura;
- Capacitação para acompanhantes e cuidadores de idosos;
- Capacitação para babás;
- Palestras temáticas;
- Curso de inclusão digital;
- Cozinha (Módulos: básico, intermediário e avançado).

São realizadas ainda as seguintes atividades:

- Atendimento de empregados e empregadores;
- Cadastro e palestras direcionadas ao trabalho;
- Apoio psicológico.

A Obra Santa Zita aceita doações, como roupas e outros objetos em bom estado para o brechó Santa Zita. O resultado é utilizado em prol do empregado doméstico.

Congregação das Irmãs de Santa Zita
Av. Higienópolis, 720, Higienópolis
São Paulo, SP – CEP 01238-000
Tels.: (11) 3666-9474 / 3667-2717
E-mail: obrasantazita@terra.com.br

Impresso na gráfica da
Pia Sociedade Filhas de São Paulo
Via Raposo Tavares, km 19,145
05577-300 - São Paulo, SP - Brasil - 2019